الْعُصْفورُ الصَّغيرُ

رَأَى الْعُصْفُورُ الصَّغيرُ الصَّغيرُ تِمْساحاً فَقالَ:

"أُريدُ أَنْ أَسْبَحَ مِثْلَهُ."

"لا، أَنْتَ عُصْفورٌ."

رَأَى الْعُصْفُورُ الصَّغيرُ ضِفْدَعاً فَقالَ:

"أُريدُ أَنْ أَقْفِزَ مِثْلَهُ."

"لا، أَنْتَ عُصْفُورٌ."

رَأَى الْعُصْفورُ الصَّغيرُ ثُعْباناً فَقالَ:

"أُريدُ أَنْ أَزْحَفَ مِثْلَهُ."

"لا، أَنْتَ عُصْفورٌ."

رَأَى الْعُصْفورُ الصَّغيرُ فيلاً فَقالَ:

"أُريدُ أَنْ أَمْشِيَ مِثْلَهُ."

"لا، أَنْتَ عُصْفورٌ."

9

رَأى الْعُصْفورُ الصَّغيرُ سِنْجاباً فَقالَ:

"أُريدُ أَنْ أَتَسَلَّقَ مِثْلَهُ."

"لا، أَنْتَ عُصْفورٌ."

١١

رَأَى الْعُصْفُورُ الصَّغِيرُ غَزالاً فَقالَ:

"أُريدُ أَنْ أَجْرِيَ مِثْلَهُ."

"لا، أَنْتَ عُصْفُورٌ."

رَأَى الْعُصْفورُ الصَّغيرُ حَمامَةً فَقالَ:

"أُريدُ أَنْ أَطيرَ مِثْلَها."

"نَعَمْ، هَيّا نَطيرُ مِثْلَ الْحَمامَةِ."

١٥

تقدم الخطة التالية إرشادات لدرس القراءة الموجهة. يجب إعطاء التلاميذ بعض الوقت للتفكير في الإجابة على الأسئلة مع التركيز على تشجيعهم عند محاولة الإجابة. لتقييم القراءة الفردية للتلاميذ يجب على المعلم الرجوع إلى استراتيجيات التحقق المذكورة في خطة الدرس حيث أن هذه الاستراتيجيات تساعد على تقديم ملاحظات فعالة لطرق القراءة المبكرة كما أنها تساعد على إعداد قراء متحمسين ومتشوقين للقراءة.

١   التمهيد لموضوع الكتاب:

يمكن للمدرس أن يستعين بدليل المعلم للحصول على المزيد من التفاصيل عن طريقة تمهيد هذا الكتاب للتلاميذ، أو يكتفي بهذه الخطة فقط.

يوجه المعلم الكتاب صوب التلاميذ ثم يقرأ العنوان جهراً مشيراً إلى كل كلمة بإصبعه أثناء القراءة مع سرعة تمرير الإصبع عند ربط الكلمات وإسقاط لفظ همزة الوصل. ثم يطلب المعلم من التلاميذ قراءة العنوان جهراً مع الانتباه إلى تمرير أصابعهم لتحقيق الربط عند وجود همزة الوصل.

يذكّر المعلم التلاميذ بقوله: "تذكروا أن تضعوا إصبعكم تحت كل كلمة بحرص مع تمرير إصبعكم بانسيابية عند المرور بـ 'الـ' وتجاوز همزة الوصل."

٢   يقدم المعلم الكتاب:

الغلاف: "هناك عصفوران في الصورة، من هذه العصفورة الكبيرة؟ نعم العصفورة الكبيرة هي الأم ومن العصفور الصغير؟ نعم العصفور الصغير هو الابن."

"ماذا يفعلان برأيكم؟ هيّا نفتح الكتاب لنكتشف."

صفحة ٢: "إلى ماذا ينظر العصفوران؟ نعم...! إلى التمساح. ماذا يقول العصفور الصغير لأمه؟ بماذا أجابت الأم برأيكم؟ هيّا نقرأ، انظروا إلى إصبعي بحرص." يوجه المعلّم الكتاب صوب التلاميذ ويقوم بالقراءة مع تمرير إصبعه تحت الكلمات والتركيز على كيفية تمرير الإصبع عند الوصل وعلى تنوين الفتح على كلمة 'تمساحاً'."

"الآن هيا نفتح الصفحة ٤." يواصل المعلم النشاط بالسؤال والإجابة ويكرر العملية في باقي صفحات الكتاب ما عدا الصفحة الأخيرة، حيث يطلب المعلم من التلاميذ أن يخمنوا ما يمكن أن يحدث بعد ذلك. "تخيلوا ما يمكن أن يحدث بعد ذلك." ويتلقّى بعض الإجابات.

٣   التهيؤ للمفردات والتراكيب المتوقعة:

يتأكد المعلم أن التلاميذ يعرفون أسماء الحيوانات التي في الكتاب. يشير المعلم الى الفتحتين فوق الحرف المنون كلما قرأ اسما من أسماء الحيوانات، ثم يلفظه بشكل سليم وواضح ويتابعه التلاميذ في ذلك. ويكرر نفس العملية في كل الصفحات مشيرا إلى 'تمساحاً، ضفدعاً، ثعباناً، غزالاً...'. يبسط المعلم شرح سبب التنوين إن أراد ذلك. "يجب أن نقرأ هذه الكلمة بطريقة صحيحة بحيث نسمع صوت التنوين في آخرها واضحا."